ज्ञान गरिमा के
72 वर्ष

भारतीय
ज्ञानपीठ

णाणं
पयासयं
वीर नि.सं. 2470
ई. सन् 1944
भारतीय ज्ञानपीठ

कंचनजंघा समय

(कविता-संग्रह)

कंचनजंघा समय

मनीषा झा

भारतीय ज्ञानपीठ

लोकोदय ग्रन्थमाला : 1305

ISBN 978-93-263-5557-5

कंचनजंघा समय

(कविता-संग्रह)

मनीषा झा

प्रथम संस्करण : 2017

मूल्य : 200 रुपये

प्रकाशक : **भारतीय ज्ञानपीठ**
18, इन्स्टीट्यूशनल एरिया, लोदी रोड, नयी दिल्ली-110 003

मुद्रक : विकास कम्प्यूटर्स ऐंड प्रिन्टर्स, दिल्ली-32

आवरण : महेश्वर

KANCHANJANGHA SAMAY
(Poetry Collection)
By Manisha Jha

Published by
Bharatiya Jnanpith
18, Institutional Area, Lodi Road, New Delhi-110 003
Ph. : 011-24698417, 24626467; 23241619 (Daryaganj)
Mob. : 9350536020; e-mail : bjnanpith@gmail.com
sales@jnanpith.net; website : www.jnanpith.net

First Edition : 2017
Price : Rs. 200

बेटे आयुष को

मेरी बात

'कंचनजंघा समय' नामक अपना यह काव्य-संग्रह आपके हाथों में सौंपते हुए मुझे खुशी है। इन कविताओं की रचना 2008 से 2016 के बीच हुई है और अधिकांश कविताएँ पत्र-पत्रिकाओं में छप चुकी हैं। अब भारतीय ज्ञानपीठ से पुस्तकाकार प्रकाशित हो रही है, इससे मेरी खुशी और बढ़ गयी है।

कविता लिखना मेरा स्वभाव है, उसका प्रकाशन एक ज़िम्मेदारी मानती हूँ। बावजूद, इसका निर्वाह तब तक नहीं हो पाता, जब तक किसी मित्र, आत्मीय या पाठकों द्वारा उकसा नहीं दी जाती। यह काव्य-संग्रह भी इसी क्रम में तैयार हुआ है।

इस पुस्तक के प्रकाशन के लिए मैं भारतीय ज्ञानपीठ के प्रति आभारी हूँ। वे मेरे प्रिय कवि भी हैं। भारतीय ज्ञानपीठ ने इस पुस्तक को आकर्षक साज-सज्जा प्रदान करने में दिलचस्पी ली है, उसके लिए भी अशेष धन्यवाद। इस पुस्तक के बारे में फिलहाल इतना ही। कविताओं के बारे में कविता के सहृदय पाठक जरूर बतायेंगे, विश्वास यही!

—मनीषा झा

अनुक्रम

कंचनजंघा समय

पेड़ों के साथ-साथ

कंचनजंघा समय

कंचनजंघा प्रदेश से

जी हाँ मैं बोल रही हूँ
कंचनजंघा प्रदेश से
आपके ही देश से
हाँ, मैं बोल रही हूँ!

हाल-चाल सामान्य है
कैसे कहूँ सब ठीक-ठाक
फिर जीवन-यापन का साधन भी क्या
बस पर्यटन
चाय से भी आय है।

तब हो जाता है बुरा हाल
बन्द रहता जब पहाड़
सुलगती रहती है कोई आँच
झुलसने लगता है घर-द्वार
फैल जाता है खुद-ब-खुद
कोई आन्दोलन

तब दोलते हैं केवल तार
ठहर जाती हैं पत्तियाँ
चाय की हरी-हरी पत्तियाँ
लोगों में दोलन
दिखता है तब

प्राणवायु की वजह से
मूलतः।

क़ोई फेंकता है एकदम उस पार से
हवा गर्म-गर्म
कोई कचरा तो नहीं फेक रहा
खूब जोर लगाकर।

फिर सिमटा देना पड़ता है सब काम
सब फैलाव
कौन कहता है कि जीवन का विस्तार हो गया है
भूमंडलीकरण के आने से
उदार हो गयी हैं नीतियाँ
और व्यवस्था

नीतियों के व्याख्याकार
बताएँ
क्या हुआ नैतिकता का

हाँ मैं बोल रही हूँ
हाथ में मोबाइल
है जरूर
हर चार गज पर
मिल जाता है मोबाइल टावर
अगर दुनिया एक गाँव है
क्यों नहीं छू पाए सब लोग रेल तक को
क्यों नहीं देखा है यहाँ जन ने
एफिल टावर?

नीतियों के व्याख्याकार बताएँ
क्या हुआ नैतिकता का।

क्यों नहीं है यहाँ
किसी स्त्री का एक भी रिश्तेदार
खूबसूरत पहाड़ में
जो करे बन्दोबस्त
मामूली सुरक्षा का
क्यों कोई उतरती है
समतल में
पापी पेट भरने
अगर वे देख सकें।

आप सुन नहीं रहे और
शायद कुछ लम्बा हो रहा है
ठीक है तो रुकती हूँ अभी
फिर कभी...
कंचनजंघा प्रदेश से।

बरसात का मौसम और कंचनजंघा की बस्ती

धूप दूज का चाँद हो गयी है
बादल हो गया है
छाता
रोकता है धूप को
इस बस्ती में गिरने से
कंचनजंघा का कोई वश नहीं

ठीक ही कहा
अब बारिश का पानी
नहीं भाता

मोड़ कर रख दो कहीं
मेघ की छतरी
बिखरने दो जरा
धूप की गगरी

माना कि है जरूरी
बारिश का पानी
चाहिए अभी तो
धूप कुरकुरी

उग आई है पत्थरों पर
घनी कजली

ये चढ़ी ये चली
गिर पड़ी फिसली
इसलिए चाहिए अभी तो यहाँ
धूप कुरकुरी

लो उड़ चला बादल का छाता
मन फरहर हो एक गीत गाता

देख-देख वह मुस्कुराता
आँखों से बस सौ मीटर दूर
बसा कंचनजंघा।

कभी-कभी

सामने है गुलाब ही गुलाब
रूफ गार्डेन के बीच वह
अगल-बगल कुछ खाली छतें
छोटी-बड़ी छतें-ही-छतें

कई रंग जुड़ गये हैं नये इस जमाने में
नजर टिकाने के लिए
आसमान
अभी भी सबसे सुलभ
सुकूनदायक

देखती है आसमान
तो विशाल कंचनजंघा की एक झाँकी
उसकी आँखों में समा सकी जितनी

साँझ समय में ही नहीं
प्रौढ़ हो चले उसके
मन में भी उतर रहा

किसी की याद-
हाँ वह मेरी बच्ची
गोद में किलकती

तभी उदित हुआ हठात्
अपने नियत समय पर
वह शुक्र तारा
धीरे-धीरे वंश-बेल बढ़ेंगे
आएँगे और भी तारे

टिम-टिम करते हुए
नाचेंगे टुम्मक-टुम्मक
आसमान का विशाल हृदय
धड़केगा जरूर

और वह भी तो होगी
अपने काम-धाम में लगी
ऑफिस से घर लौट रही

और ये चिड़ियाँ अपने डैनों में बल भरकर
आसमान के बहुत-बहुत नीचे से
चली जा रही हैं कहाँ से कहाँ
सधी हुई चाल से

हाँ, यह रोजमर्रा की गति है
कुछ नया नहीं
पर यह भी सही
आती है वह छत पर कभी-कभी
बनता है आसमान में
कंचनजंघा भी
कभी-कभी ही

रोजमर्रा नहीं है अब
स्मृतियों की आवाजाही।

राजा–रानी

इधर पहाड़ियों की रानी
दार्जिलिंग
उधर पहाड़ों में
राजा कंचनजंघा

दो ऊँचाइयों के बीच
की जमीन पर
सब कुछ होता है अलग
हवा पानी धूप नेह और विछोह
रंग और गन्ध और उठान और पतन

यह कैसी सिसकी है
कुछ बह गया है असावधानी में
हृदय से नरम नेह
आँखों से खारा पानी
पतीले से उबलता दूध
अब केवल विछोह

बटोरने का गुण
नहीं सीखा
पहाड़ों ने
मनुष्य की ऊँचाई से क्या तुलना
क्या तुलना मानव राजा मानवी रानी से

यह रानी है हरियाली की
वह राजा है पानी का
कुछ सघन हो आता
इधर भी उधर भी।

कंचनजंघा

कंचनजंघा निहारता है अपना रूप
छांगु झील में
आपूरित रहता है जल
जब खिलती है गर्मी की धूप

सर्द से ठिठुरकर
पानी हो जाए पत्थर
फिर पूज ही सकते हैं केवल
देख नहीं सकते अपना स्वरूप

कंचनजंघा
की लेनी है झाँकी
तो जरूरी नहीं छांगु झील
दिख सकता है
फेवा झील से भी
झाँकी उपलब्ध है
टाइगर हिल पर भी

कर्सियांग, काठमांडू से
पोखरा से
झाँकी है सुन्दर
दिख जाता है कभी-कभी
समतल से भी कंचनजंघा

उसको सब देख सकते हैं
वह सबको देखता है नियन्त्रित
रहता है निर्लिप्त
इसलिए अधिक सादा
स्वच्छ और पवित्र।

पहाड़ियों की रानी

पहाड़ियों की रानी
पड़ जाती है उदास
जब मनुष्य होकर
दहाड़ता है कोई
जाकर उसके पास

पसन्द है उसे बादलों का गर्जन
हाथियों की चिंघाड़
खिलौना गाड़ी का रौंदते हुए चले जाना
और निहारना कंचनजंघा का

बनैले पशुओं की चिंघाड़ पर दहाड़ पर
डाल देती है शीतलता की बूँदे
जैसे कोई माँ दूध डाल दे
बच्चों के मुँह में

वह रानी है सुन्दरता की
माँ है ममता की
मान ही तो चाहिए
थोड़ा-सा आदर

वह कहाँ सहेगी
अपनी सुन्दरता पर आँच

प्रकृति पर नियन्त्रण बच्चों का

कतई नहीं चाहेगी
ममता से भरे जल का सूख जाना

मत छेड़ो उसकी चमड़ी
मत काटो उसके केश
हरियाली के रग-रग को
रहने दो सुरक्षित
चाहे सहनी पड़े कुछ मुश्किल ही।

रंग–राज

मित्र का सार्वजनिक
मान–मर्दन रंग लाया
ऐ पेड़!
रंग लाई चाँद पाने की चाहत

जिन्दा बचने की राह पर
गले मिली सफलता
सरेआम

मुबारक हो
हाँ हाँ यह कामयाबी
यह नया रंग
और ऊँचाई कंचनजंघा की
अभी तो और भी जाना है आगे...

बस
अलविदा अब फूल को
कि रंग का अब राज है।

गैरजरूरी कुछ भी नहीं

प्रतिरोध
एक अच्छी आदत है
मस्तिष्क की खुराक भी
देता है ऊर्जा
कठिन जीवन को
वंचना के क्षण हो जाते आसान

विरोध
कम से कम
देता है तसल्ली
दिल को

अवरोध जरूरी हो जाता
जब ठप्प पड़ जाती हर गति

गैरजरूरी कुछ भी नहीं
विरोध, अवरोध या प्रतिरोध
अगर्चे नीयत हो साफ
मंशा स्पष्ट

व्यापक हित
कहीं मिथ्या न पड़ जाए
देखना

समय की परतों बीच
बन न जाए मिथक
आड़े न आए
आकांक्षा का कंचनजंघा

सच–सच कहो
सत्ता के प्रतिपक्ष में
खड़े होकर
सत्ता को साध तो नहीं रहे

जान लो सत्ता का है एक निश्चित चरित्र
जो इसमें आएगा वह वैसा ही हो जाएगा

आए चाहे सयाना
काजल की कोठरी से
कैसे निकले बेदाग

गैरजरूरी कुछ भी नहीं
अगर्चे नीयत हो साफ
मंशा स्पष्ट।

यह युग

यह मर्यादा के टूटने का समय है
क्योंकि यह अन्धायुग है।

पल–पल जुटाए जा रहे
युद्ध के सरंजाम
चाहे जो हो अंजाम

रचा जा रहा हर पल ब्यूह
फूल रहा काँटा
कुम्हला रहा फूलों का मुँह

विजय का रास्ता
अर्द्धसत्य से होकर नहीं
असत्य से होकर आ रहा
सत्य कुंठित होकर
कौंध रहा निस्तेज धमक में
कोई बदल रहा
कंचनजंघा का पानी नमक में

प्रतिभा हो गयी है पुच्छल तारा जैसी
माँ की जगह अब ले नहीं सकती मौसी

यह रिश्तों के बदलने का समय है

पुरानी छवि टूटने का समय है

हर रिश्ते की अपनी है मर्यादा
यह रिश्तों की मर्यादा भी
टूटने का समय है
यह अन्धायुग है

कुछ है जो मर्यादा के पक्ष में हैं
वे जानते हैं मर्यादा का मूल्य
दिलाते हैं याद मूल्य का महत्त्व
रह–रहकर
और वे सम्भ्रान्त हैं

यह भटके हुए राहियों का युग है
उग्र हो गये पशुओं का युग है
यह आतंक वादियों का युग है
अपनी मनवाने पर उतर आने का युग है

इस समय का चरित्र घुटनमय है
क्योंकि यह अन्धायुग है।

परिपक्व नहीं

बालक एकलव्य
वंचित रहा
विद्या ग्रहण करने से
पंक्ति में बैठकर
सवर्णों की पाठशाला में

उसने देखा
सुना था जरूर
पाठशाला की बातें
ग्रहण करने को तत्पर थीं
सारी ज्ञानेन्द्रियाँ
निषेधाज्ञा के बावजूद भी

महज कुछ शब्दों से
बनाए थे वाक्य
स्वयं
आत्मा के प्रकाश से

पाठशाला के झुरमुट से
झड़कर आती स्वर-रोशनी
पड़ी थी उस पर भी

उसने देखा

था परिदृश्य कठोर मेहनत का
अपने आसपास जीवन की पाठशाला में

यद्यपि उसके जमाने में
रचा नहीं गया था दोहा—
करत–करत अभ्यास तें...

उसने तो ग्रहण किया था सत्य
इस तरह वह
निष्णात हो गया धनुर्विद्या में
फिर एक दिन
माँग लिया अँगूठा द्रोण ने
भविष्य को भाँपकर

वे दूरद्रष्टा
भाँप रहे थे
कुरुक्षेत्र के महासमर में
स्वार्थ का खेल
और उदास पड़ते कृष्ण को

आशंका का कंचनजंघा
काँपा था हल्के–से
वरना हर गुनी जिज्ञासु
प्रिय होता है गुरु को

और वह गुरु भाव से देखता था उन्हें
बाद में कबीर ने देखा था रामानन्द को
इसी भाव से
कि हुआ करता विरले

नहीं था कमजोर

गुरुभाव एकलव्य का
दे डाला अँगूठा
बेधड़क—
और पका नहीं था अभी भी वो

पीड़ा से गुजरा होगा वह
काँपे होंगे द्रोण भी
पर किसी ने कुछ नहीं कहा
जमाने से

यह तो बाद में हुआ
कि बन गयी यह घटना
भारी विमर्श ।

कोई अकेला नहीं होता

आज फिर दीख गयी मुझे
अकेली मैना
कौंध गया दिमाग में
तत्क्षण वह दृश्य
स्कूल बस के लिए इन्तजार करता
बच्चा ढूँढ़ता दूसरी मैना को
सुबह–सुबह
पिता करता पुष्ट
जरूरी है देखना दूसरी मैना
यदि दीख जाए अकेली मैना
क्योंकि
वन फॉर सॉरो टू फॉर ज्वाय...

ढूँढ़ने लगी मेरी नजरें आज फिर
अकेली मैना के आसपास
दूसरी कोई वैसी ही

सजग दिमाग कह उठा धत् ...
कदम बढ़ गये आगे

और कुछ खटकता रहा जैसे
खटकता है हर बार
अकेली मैना देखकर

अटक जाती है खटक की एक गूँज

न जाने कितनी गूँज
कथा–कहानियों की
उक्तियों की, विश्वासों की
गप्पों की और ग्रन्थों की
अटकी हैं मेरे भीतर
और कंचनजंघा के बाहर

जिन्हें झटक देना जीवन से
लगता है नामुमकिन
टकराती रहती हैं वे मुझसे
भीतर ही भीतर
जब–तब

गूँज–गूँज से निर्मित मेरा अणु–अणु
मान बैठा है कोई अकेला नहीं होता
बस ढालना पड़ता है खुद को
या भुजाएँ करनी पड़ती हैं विस्तृत
अपनाना पड़ता है
अपने जैसा किसी अन्य को
जैसे कि मैना और मैना
कहते हैं इसलिए कि मैना
अकेली नहीं आती...

मन मान लेता है
होगी दूसरी मैना भी
इधर–उधर
बस मुझे नहीं दीख रही
हर बार की तरह।

शब्दों के सहारे

शब्दों के सहारे है कठिन
हल करना गणित के सवाल

जब हल करना है गणित के सवाल
खोज रही हूँ सार्थक शब्द
ठीक ही तो, गलती हो रही है मुझसे
समय के साथ चलना है अगर

धन और धन का योगफल
धन ही होता है
धन ही होता है
ऋण और ऋण का योगफल भी

तथ्य स्पष्ट हो जाता है
केवल कुछ संकेतों में
शब्द बन जाते हैं
अड़चन
ऐसे में

हवा के संकेत
पकड़
सँभल जाना चाहिए तुरन्त
कहते हैं ज्ञानीजन भी

बुद्धिमान के लिए इशारा काफी

मेरा भी रूप होता कुछ और
समय की हवा लगा लेती अगर
करीब तो रहती हवाबाजों के
बोलो कंचनजंघा!

सवाल इरादे का

अब तुम फूल से मारो या फूँक से
चोट तो लगती है उसे
जो कंचनजंघा की तरह नहीं

मार मार है और चोट चोट
यह बात अलग है कि तुमने कहा
फूल से चोट कैसे लग सकती है
फूँक से

सवाल इरादे का है
मौका और निशाने का है
चोट तो लगती है उसे
जो कंचनजंघा की तरह नहीं

फूल से मारो या फूँक से।

हम मजदूर हैं

हम आए नहीं हम लाए गये हैं
इसलिए हमें मान दो
मर्यादा दो, सम्मान दो
मजदूर हैं तो क्या हुआ।

मजदूर हैं चाय बगान के
माली हैं उन पौधों के
पत्तियों के
जिनके बिना तुम्हारी तो बात ही नहीं
मेरी भी नहीं
कोई नहीं रह पाता अब
देख रहा है सब
कंचनजंघा।

सभ्यता के शिखर पर
कुछ रहे न रहे
लहलहाते रहेंगे
चाय के पौधे
हमारे ही नाती-पोते के बल पर।

हम हैं उनके
परनाती-परपोते पर-परनाती पर-परपोते
जिन्हें खींचकर लाया गया था

रोटी की बीन पर।

और वे आ गये
नदियों और जंगलों की यात्राएँ करते
करने लगे प्यार
पथराई जमीन को
पोसने लगे पौधे।

मान दो, सम्मान दो
भोजन के बाद पान दो
जमीन से लाड़ रखनेवालों को।

मजदूर हैं तो क्या हुआ!

परिवर्तन की लय में

मात्र पैरों की वजन थामनेवाला
उसका शरीर
कहाँ सह सकता उन वजनदार चक्कों को
उन्होंने चलाए बुलडोजर
उसके अंगों पर

प्रेरित किया बसाने को
कंकरीट के जंगल
हरे–भरे जंगल की जगह

उसकी गोद में बैठकर
पीया पेप्सी खाया अंकल चिप्स
उछल–कूद कर
शोरगुल कर छोड़ आए
खोल पालीथीन का

पूँजी की आग पर
सेंका उसका कलेजा
फिर भूनकर खा गये वे
मद में झूमकर

परिवर्तन की लय में
पर्यावरण को गये भूल

अब खोदने लगे हैं वे
कंचनजंघा की तह
भूखे चील की तरह।

पेड़ों के साथ-साथ

उनके लिए भी

चलना है केवल
अपने लिए ही नहीं
उनके लिए भी
जिनके सामने से गुजरते हैं हम—

कहते हैं वे पेड़
जिनके टूसे सुनहले हैं
और पल्लव चमकीले
जिनमें लगे हुए हैं बस काम के पत्ते

सजना है केवल
अपने ही लिए नहीं
उनके लिए भी जिनकी
नजरों के सामने से गुजरते हैं हम—

कहते हैं वे पेड़
जिनके टूसे तोतारंगी हैं
और पल्लव हरे-हरे
लदे हुए हैं जिनमें भारी-भारी गाढ़े पत्ते

रहना है केवल
अपने लिए ही नहीं
उनके लिए भी

जिनके बिना नहीं रह सकते हम—

कहते हैं वे पेड़
जिनके टूसे गुलाबी हैं
और पल्लव ललछौंहे
जिनमें लगे हुए हैं पत्ते ही पत्ते

खिलना है केवल
अपने ही लिए नहीं
उनके लिए भी
जो करते है संसार को प्यार—

कहते हैं वे पेड़
जिनके शीर्ष पर
खिले रहते हैं फूल
लाल नीले पीले
भूरे सुनहरे
गुलाबी-सफेद रंग-बिरंगे फूल
केवल फूल ही फूल

वह पेड़ यह पेड़
ये पेड़ वो पेड़
सारे के सारे पेड़
कहते हैं और कहते जाते हैं
अपने लिए ही नहीं
उनके लिए भी
उनके लिए भी।

कोमलता-वोमलता की चाहना

उड़ने के ठीक पहले
पंखों को तैयार करते परिन्दे की हलचल
डालियों का हिलना
तिनकों का झड़ जाना साथ-साथ
हवा से एकसार होती पत्तियाँ
नील गगन में स्वच्छन्द विचरण
आजादी वगैरा उड़ान की
भरपूर ले लेने के बाद
लौटते हुए घोंसले में

उस परिन्दे की जिद
रात को जीत लेने की
बार-बार करता आवाज
और रात की अपनी है चाल
अपनी साँसों और अपने अँधेरे
के साथ अलमस्त रात

एक परिन्दा ही जिद्दी है क्या ?

उसकी सारी जिदें
ढोते-ढोते
वह दरख्त हो रहा सख्त
और रंगों का सोता

भीतर-ही-भीतर से फूटता
कोमलता-वोमलता की चाहना
बेकार करते हो
देखो यह फूल और देखो यह फल
तुम्हारी ऐषणाएँ यहीं तो भरती हैं।

यही दरख्त जो स्वयंसिद्ध
एक जिद वैज्ञानिकों की
जो लगातार कर रहे शोध
परिणाम क्या मिला—
यह दरख्त जो है स्वयंसिद्ध
नारी की तरह
जिसमें दर्ज है घोंसले के भीतर
की सारी हलचल
घोंसले के बाहर की गन्ध और रंग

यह दरख्त हो रहा सख्त
कोमलता-वोमलता की चाहना
बेकार करते हो।

पत्ते उठो

ठंड की मार सहते
निष्प्राण-से हो गये

पत्ते उठो
हिम्मत तो बटोरो
आँख उठाकर देखो
जरा अपने डैने झटकाओ
हरकत में आओ

उतर रहा है बसन्त का हेलीकॉप्टर
पेड़ों के देश में
नयनाभिराम वेश में

आ पहुँचा है वह
तुमसे मिलने
बिलकुल तुम्हारे लिए

आदमी के देश में
जाते-जाते पहुँचेगा
पता नहीं आदमी
पहचाने भी कि न पहचाने
बदल चुके जमाने में
फिर किस रीति से मिलेगा वह?

अपने में प्रसन्न

परती पराट
न कोई पौधा, न पेड़ों की जमात
वह अकेला
झबरीला
आम का पेड़
बन-सँवर कर
भव्य दिख रहा है

रूप-रंग से सम्पन्न
अपने में प्रसन्न
क्या जाने
दुनिया में क्या-क्या घट रहा है

केवल आकर्षण
न कोई आमन्त्रण

जो लोभ में है खिंचा चला जा रहा है
स्वयं बढ़ रहा है
उसके पास
पर लौटे उदास

आरक्षण में है जो
वह कहाँ दे पाता है संरक्षण।

सिर्फ देखने की इजाजत है

ओह, फिर गिर गया
वह पका हुआ अमरूद
चोंच मारते ही
रह गया स्वाद से वंचित
वह नौसिखुआ

एक दूसरा
बड़े गौर से देख रहा
डाल पर बैठकर चुपचाप

वंचना में लिपटी काया
अबकी जा बैठी डम्हाए फल के पास
मजे से कुतरने लगी
गूदे का स्वाद ले बीज छाँटने लगी

एक सयाना उलटा लटका
पकड़ लिया कसकर एक अधपका फल
एडवेंचर में रस ले रहा जमकर

गौर से देखने वाला
अब रोक नहीं पाया अपने को
इधर–उधर डालकर नजर
अपने मन लायक चुनकर

जा बैठा बड़े प्रेम से

सँभालकर लिया अपने दोनों पंजों में
कुतरने लगा अमरूद
एकाग्रचित्त
तन्मय तोता

अहा ! कितने सारे
अमरूद के पेड़ पर
फल ही नहीं
तोतों के फूल हैं खिले हुए

शब्द एकदम नहीं
इस्स...शोर एकदम नहीं
इस वक्त
सिर्फ देखने की इजाजत है तुम्हें।

चाहना

घोंसले के घोसलेपन
से निकलकर दूर
चाहे उड़ान भरना
भयमुक्त उन्मुक्त

चाहे चाँद के पास जाना
आधी–अधूरी उड़ान
फिर उसकी थकान
लौटकर बैठा झुटपुटे में

किसी पेड़ पर से
दिखता
चमकता चाँद दाग के बाद भी
नीले आकाश में गोल–गोल धवल चाँद
खींचता अपनी रोशनी में

मन पंछी
घोंसलेपन के पन से बिंधा
अन्धकार की बेबसी
न कोई बहाना है
बिंधना सहना नहीं
रह जाना है
रह जाना मामूली नहीं

असहनशील हो चले वातावरण में

वरण और बन्धन बेमानी है
उड़ान-फुरान सब आनी-जानी है
इधर के दृश्य में
कुछ भी स्पष्ट नहीं
फिर क्या किया जाए?

चाह का, चाहत का
चाहने-न-चाहने के बीच छोटे से डैश का
ऐश का अपना है घेरा
कैश की अपनी है लकीर
बावजूद भी
सुरक्षित नहीं
कहीं कोई एक भी।

संवेदना की तरलता से

चलो लिखते हैं आमन्त्रण पत्र
बसन्त को
संवेदना की तरलता से

उधर साल भर
मोटरों की धूल चाटते
और निर्माण के लिए
बेचैन सीमेंट
खाते-खाते हो चला है भारी पेड़
आखिर हम पेड़ को दे ही क्या रहे हैं
भारीपन के सिवा

इधर हमारा मन भी
कहीं भारी हो चला है
नहीं देता सन्तोष
मॉल का रंगभरा संसार
हर बार लौट जाना होता है
अधिक खाली होकर

चलो लिखते हैं आमन्त्रण पत्र
बसन्त को

कि लौटा लाओ रस

सूख रही झुर्रियों में
कि प्रेमविहीन हृदय में
भर दो थोड़ा-सा प्रेम
जिन्दा रहने के लिए काफी होगा छटाँक
कि फेफड़े को हो जाने दो थोड़ा और ताजा
कि रहम करो मनुष्य की मारक सभ्यता पर

चलो लिखते हैं आमन्त्रण पत्र
बसन्त को
संवेदना की तरलता से।

बसन्त चला गया है

बसन्त चला गया है रूठकर
हमसे कोसों दूर
असल में कोंपल फें कता है वही वृक्ष
जिसकी जड़ जुड़ी हुई हो
मिट्टी से
लाख बार काटो
फिर तन हो या तने

रफ्तार में शामिल होने की अफरातफरी
दूर कर देती है कहीं
मिट्‌टी से, हवा से
मिट्‌टी-हवा के रस से एकरस होने को
मना कर देती है वातानुकूलन मशीन
जीवन में पतझड़ की विरसता
तनाव ही बरसाती
और झोंका ताजगी का मिलता पिकनिक पर
किसी वृक्ष, किसी नदी
समन्दर, झील या झरने
पर्वत, मिट्‌टी, घास, खुले आसमान
और छुट्‌टी में

मन तो बिंधा हुआ है
ड्यूटी के यम-नियम से

फाँस में पड़ा
शहर का जीवन

भीड़ में वीरानापन
मनोग्रन्थि के शिकार सब
कैसे खिले मन का सुन्दर फूल
हृदय की संकुचित बगिया में

सड़क के किनारे
उगाए पौधों में
खिलता है फूल मलिन दिखने को
हालांकि हवा में लहराते वे पौधे
झूम-झूम कर गाते भी हैं पौधे
बसन्त की कल्पना कर मुस्कराते हैं पौधे

बसन्त चला गया है रूठ कर
कोसों दूर
संवेदनहीनता देखकर

अब परवाह कहाँ
फुरसत भी नहीं
कि बुलाए बसन्त को हम
बाँटे नेह बाँटे प्यार
कि खिल उठे डाली-डाली
एक-एक फुनगी हो उठे गुलाबी

बस युवा दिखने की चाहत और
कास्मेटिक और सर्जरी के नाना प्रयोग
तन पर

मन उम्मीद की पराकाष्ठा पर
चकनाचूर हो रहा

मंजिल की मर्यादा सँजोने में

माटी और जड़ बिन पौधों में
रंग कैसे भरे
जवान कैसे रहे जीवन
बसन्त रूठ जाए अगर

इसी वास्ते चलें
अब
अपनी आवारा इन ताजा हरकतों को
जरा लगाम दें
रूठे हुए को नेह दें, प्यार दें

चलो चले
चलो चलें।

चैत की चेतना में

चैत की चेतना में
रेल की खिड़की से देखना शेष सृष्टि
शस्य श्यामल धरती

किसी अनचीन्हे पेड़ पर बगुलों की महासभा
पेड़ की घनीभूतता के मध्य
चौंका देनेवाली
कि एक पेड़ पर ही सट-सट कर बैठे
साहचर्य का लुत्फ लूटते हुए

कि एक ही पेड़ की छाँव में
सुस्ताते भैंसों का झुँड
एक-दूसरे से बेखबर
दूर की किसी बात पर उलझे हुए खुद में ही

लाल मिट्टी के रस में
खूब खिले है पलाश
चैत की टहनी पर तनिक इठलाकर

उलझी हुई झाड़ियाँ
जाने बहुतेरे पहचाने
मेरे लेखे अनाम वे झाड़ियाँ वे गुत्थियाँ
रह गयी वैसे मेरे लेखे

बीच–बीच में उजाड़–सा कोई प्लैटफार्म
लगा देता कौमा
रूक जाती लय
चैत की चेतना ठहर जाती

अब परिदृश्य में थी नदी
उत्खनन से उग आया घाव
जहाँ–तहाँ
रेत और बालू को पाना
रिक्त हो जाना नहीं उस आदमी के लिए
पूँजी के समन्दर में डुबकी लगा लेना है

बहुत सफाई से कोई खुँदवा रहा है
नदी की आत्मा
नदी सिसक रही है घायल होकर

और एक दृश्य में
फिसल रही कुछ नाव नदी की त्वचा पर
मछुआरे लेकर निकले हैं आशा
मिले गर माछ हो सके गुजर परिवार का
निकल जाती सफर पर नाव
नदी को सहलाते हुए

नदी कुछ बिहुँसकर
ठेल देती है आगे
मछुआरे की नाव को

ओह! ये अनाम झाड़ियाँ फिर आ पहुँचीं
क्यों नहीं कोई बता पाता इनके नाम
सार्वजनिक होते हुए भी
क्यों नहीं है किसी की दिलचस्पी
बचने की मुद्रा लिए निकल जा रहे सभी

फिर कोई सुसज्जित प्लेटफार्म
चैत की चेतना को
विराम देता

यात्रा चलती रहती अनवरत
समय की
कभी किसी को लेकर
कभी किसी के साथ

गुजर जाता है चैत
पहुँच जाता बैशाख।

जाल

वे उसमें फँसी हुई हैं
एक झीना-सा जाल जो तैयार बहुत महीन-महीन धागे से
जिसमें किसी के लिए दाना है किसी के लिए नहीं

और जब दाना होता है वे भूली रहती हैं
कि जाल के नीचे है उनका वजूद
फुदकती रहती हैं यहाँ से वहाँ प्रसन्नचित्त
जाल के नीचे बस उसी परिधि में
वहीं से झाँकती रहती हैं आकाश
धूप भी हवा भी छनकर ही आती है
जाल के भीतर
पसरा है संसार वही मनु महाराज के जमाने से

बहुत आए गये इस बीच
ऋषि आए मुनि आए राजा आए
महाराजा आए
मन्त्री आए सन्त्री आए
सबको पसन्द आई बहुत जाल की बुनावट
अपने-अपने तई रखा उसे सुरक्षित
पुराने हो गये जाल की करवाई मरम्मत

बीच-बीच में चमकाया भी गया
पालिश कर

अब चमक रहा
रंगभरे डिजाइन में जमाने की
तकनीक की बदौलत

नए आ गये जमाने में
मगर बात है वही पुरानी
किसी के लिए दाना है किसी के लिए नहीं

अब रास्ता यही
साथ मिलकर जोर लगा
जितनी जिसके पास जैसी है ताकत
धर्म और लज्जा
सुन्दरता के सिन्थेटिक धागों से बुना
पितृसत्ता का मजबूत जाल
फिंक जाए कहीं दूर बर्बाद होकर

कि फैल सके छोटी-बड़ी सब चिड़ियाँ
जहाँ-तहाँ इस जहाँ में
अपनी मर्जी के मुताबिक
कि न दे सके कोई फरमान—
अपने ये रंग झाड़ो अपने वो पंख फेंको
कि लगा सके नहीं कोई अंकुश
बुद्धि और विवेक पर।

आजू-बाजू में

'गेटवे' बहुत मजबूत है
बनाया गया बहुत मजबूत
इंडिया का गेटवे
और 'ताज' का तो कहना क्या
धन की धमक पहचान है जिसकी

दोनों हैं आजू-बाजू में
एक-दूसरे को बल देते हुए
अटल
भारत की आर्थिक राजधानी मुम्बई में

दोनों के बीच रास्ता है एक
जिसपर ठहर
मुग्ध हो जाते हैं
साधारण लोग
खास-खास लोग खाते हैं हवा
तैरती हैं गाड़ियाँ
कोई 'आउडी ए सिक्स' निकल जाता सुर्र-से

गेटवे वाले रास्ते के फुटपाथ पर
पेड़ों के नीचे
सुस्ताती हैं रात को
कामवालियाँ

चुपके-चुपके देती हैं जन्म
किसी शिशु को
फिर वहीं पड़े-पड़े
नाक बहाता पेट बहाता
होने लगता वह जवान...

गेटवे में ढले
पत्थर पर होती है हरकत
मगर क्या
मायानगरी की चमकीली धूप खाकर
समुद्र की लहरीली हवा पीकर
होता रहता वह सख्त
और, और, और सख्त

ताज पर हो जाते हैं हमले
कभी आतंकी हमले
मगर क्या
वह उठ खड़ा होता फिर
दुगुनी शान से

शक्ति की सशक्तता...

शक्ति ही का तो विस्तार है साम्राज्य
साम्राज्य में निहित है पूँजी की प्रभुता
हाशिए पर पड़ा कोई शिशु
बिलखता-बिलबिलाता...

और ध्यान से देखो तनिक
यह मानसिकता
कि यादगार तस्वीर में
चाहते हैं लोग
साथ-साथ ताज और गेटवे

अपने चहरे के बैकग्राउंड में

पूँजी और साम्राज्य के 'वादों' के बीच
हाशिए पर धकियाया
एक बच्चा हो रहा जवान...।

दृष्टि

लगा कोई बुला रहा है
आस-पास देखा अगल-बगल
कोई नहीं था अपने जैसा
क्या यह मेरा वहम था
अपनेपन का ?
नितान्त एकान्त में !

क्षण भर कौंध अन्तर्मन में
फिर आवाज फिर-फिर
अब नजर ऊपर गयी हठात्
एक पेड़ की ठूँठ पर बैठी दिखी चिड़िया
नाम नहीं जानती, पहचानती हूँ खूब।

वजूद हल्का, आकृति बेढब
पंखों में रंग आसमानी
चोंच एक अँगुल भर
इसी की आवाज है
सीटी देकर बुलानेवाली।

कितनी चतुराई से सीटी देकर
खींच लिया है इसने मेरी चेतना
और वह हो ली उसके साथ।

मैं अब एक दृष्टि हूँ।

इन दिनों

चुप रहना प्रमुख चरित्र
दिखता है इन दिनों
पेड़ का
युग की हवा सहते हुए
वो देखता रहता आकाश

एक ताजी वेदना
सिहर उठती है भीतर
कोर से ढुलक पड़ते हैं नोर

देखते ही देखते हो जाता है भोर
निकल जाता है सूरज
विज्ञापन की रोशनी में
जमाना हो जाता जगमग

वस्तुओं की कीमत बढ़ जाती बेहिसाब
फिर गिफ्ट-बॉक्स में
कैद हुओं की
कीमत पर क्या बात करना

नयी कीमती-किरणें
यहाँ भी पहुँचती हैं पेड़ के पास
ठहर नहीं पाती
फर्र से फिसल जाती हैं फुनगी को छूकर

पेड़ में होता है कम्पन पर काँपता नहीं पेड़

युग की हवा सहते हुए
देखता रहता है आकाश
चुपचाप।

यात्रा

वह खड़ा रहा स्टापेज पर यात्रियों की लाइन में
अपनी पारी की प्रतीक्षा में
वे पूरी कर आए उतने में अपनी यात्रा
एक रिजर्व कार में बैठकर
जो किसी ने भिजवाई थी उनके लिए
खुश होकर उनपर

लाइन में खड़े लोग
ताकते रह गये एक-दूसरे का मुँह

यात्रा पूरी कर आए वे भक्क से दिखा दिए
सफलता का उजाला
हाथ में रखे टॉर्च का स्विच टीपकर
फिर स्विच टीपकर चले गये
अँधेरा फैलाकर

बस आती है मगर पहले से भरी हुई
सीट पर बैठने की गुंजाइश नहीं
लम्बा इन्तजार और लम्बा
धक्का-मुक्की, गाली-गलौज
और पुलिस का लाठी-चार्ज

पर्स में पैसा नहीं अतिरिक्त

और यात्रा आवश्यक

खड़ा रहा वह पेड़ के नीचे
अपनी पारी के इन्तजार में
अगली बस की आशा में।

उठो

उठो हे
मदमस्त हाथियों के दल की तरह
वे
बारी बारी से कुचलकर
चले गये तो क्या हुआ

तुम्हारे दुपट्टे में मढ़ी लताएँ
अधखिले फूल
फूट पड़ना चाहते हैं
करुण कहानी में

तुम शब्दों की उंगली थामकर
उठो
जब राग के रंग उड़ गये हों सारे
तुम कविता की तरह नहीं
सच की कहानी की तरह उठो
सारी आलोचनाओं को परे ठेलकर

बादल भी बरसने को है
इस धूल-गर्द से भरे शहर में
कोई भींग रहा है उधर
अपने ही आँसू के जल में

तुम अपने सपने की खातिर उठो
सूरज की किरणों में एक किरण तुम्हारी भी है
चाँदनी का उजलापन
अपनी आँखों में भरकर उठो

तुम्हारे केशों में गुँथे क्लिप के दो पंछी
उड़ जाना चाहने हैं नीले आकाश में
उनके पंखों में बल भरने की खातिर उठो
उठो हे!

बहस जारी थी

मैंने जैसे ही हाथ बढ़ाया
मिलाने हाथ
हाथ उठाकर उन्होंने मना कर दिया
वे पदासीन थे इसलिए मैं रूक गया तत्क्षण

मेरे बढ़े हुए हाथ
स्वतः नीचे आ गये
उनके हाथ भी गिरे फिर धीरे–धीरे

सभा में बहस हो रही थी
इतनी जनसंख्या वाले शहर में
यह ट्रॉफिक सिस्टम ठीक नहीं

मैं गौण हो गया सभा में
वे बेमतलब हो गये

कुछ हाथ उठ जाते कई बार उत्तेजना के चरम पर
बहस जारी थी सभा में
जेब्रा लाइन वगैरह को लेकर

दरअसल अपने–अपने मन्तव्य तक
पहुँचने की चिन्ता सबको थी।

भाषा

भाषा के प्रचलन में
कम हो रहे हैं धीरे-धीरे
संयुक्ताक्षर
अलवत्ता हलन्त का महत्त्व
कुछ बढ़ गया है
मानकीकरण की ओर बढ़ते हुए
संयुक्त पंचम की जगह
काम चल जाता है
बिन्दु मात्र से

कहते हैं कि बिन्दु
अन्धकार नहीं
न ही शून्य
प्रकृति एक-सी है तो क्या
कि स्थान बदल देने से
हो जाता है उथल-पुथल
चरमरा जाता है अर्थ का ढाँचा

व्याकरण की सहजता हेतु
कवायद है बदलने की
सन्धि और समास की परिभाषा

और कितनी बदलेगी

जीवन की भाषा ?

व्याख्या, विश्लेषण, वाद और विवाद
सम्प्रेषित करते हैं अर्थ
डूब रहा छन्द का चाँद
मन्द पड़ रहे राग के सितारे

समय का शोर और रफ्तार
प्रकृति में ही नहीं
प्रतिध्वनित हो रही भाषा में भी
थर्रा रहा है जर्रा-जर्रा
काँप रहा एक-एक अक्षर

घबराओ नहीं प्रिय!
चमकेगा एक-एक वर्ण
उस दिन से निश्चय
जब छँट जाएगा अस्वाभाविक कोहरा
पृथ्वी पर से

धरती होगी
प्रदूषणमुक्त!

कविता से उम्मीद

जिस समय आप खोज रहे होंगे
जूही गुलाबों भरा बगीचा
देवताओं को भाने वाले गन्ध
मेरी कविता में
उस समय
घास से फूट रहे होंगे शब्दों के सफेद फूल

आपकी अभ्यस्त आँखें देखना चाहेंगी
पहाड़ से फूटते झरने का वेग
मेरी कविता में मिलेगा आपको
भेटों से भरा ठहरा ताल

अलंकार की आँधी से खुश होती है
आपकी तबीयत मालूम है
तभी आकर ठिठक जाती है
एक लाचार की सिसकी
और सिहर उठती है मेरी कविता की खड़ीपाई

आप प्रशंसक हैं दृढ़ पेड़ से लिपटी लताओं के
मेरी कविता में
बिम्ब ऊपर उठना नहीं चाहते
प्रतीकों के घास फैल जाते हैं
जमीन को कसके पकड़के

और आप अपनी प्रशंसा मुझपर लुटाने के लिए
जोर लगा खोजेंगे शब्दों में जंगल में
पंचम की ध्वनि
मेरी कविता में चिह्नित हो रही होगी
उपेक्षित एक-एक टहनी—
कौमा, एपोस्ट्रोफ, डैश, हाइफन
प्रश्नवाचक आश्चर्यसूचक के एक-एक फलक

माननीय! कैसे कहूँ!
मेरी कविता में प्राकृतिक सौन्दर्य की दिव्यता नहीं
मगर घास फूल पेड़ पक्षी नदी झरने से
इनकार भी नहीं।

कितने तो विमर्श

न्यूज रूम का विमर्श
सेटेलाइट के जरिए पहुँच रहा था
घर-घर में

रास्ते-चौराहे का विमर्श
फेसबुक, व्हाट्स-अप के जरिए
सम्प्रेषित हो रहा था दूसरों तक

कैद हो गयों का विमर्श
जो बिना किसी विषय के चल रहा था
जिसे कहीं पहुँचने की कोई फिक्र नहीं थी
शुद्ध विमर्श था विमर्श के लिए

सारे विमर्शों को ठेंगा दिखाती
भागी जा रही थी एक बुलेट ट्रेन
शस्य-श्यामल धरती के बीच से
पश्चिम की तरफ हवा से होड़ लेती हुई
विकास पर विमर्श करती।

हाइवे पर गुलमोहर

टहटही दुपहरिया में
एक पक्षी प्यास-कातर मुँह बाए बैठा है
टाइम-नल की टोंटी पर
जिसमें पानी की सप्लाई चार बजे
शुरू होती है
धारा गिरते-गिरते यहाँ तक
बज जाता है साढ़े चार
तब पक्षियों का समय हो जाता है
बस्तियों में जाने का दाना चुग्गा पाने का

धूप में चमक रहा है
गंजी-जांघिया के विज्ञापनवाला रंगीन पोस्टर
जिसका हीरो सारी नसें ताने
कितना आत्मविश्वासपूर्ण दिख रहा
गुलमोहर को ताकता

उस चायवाले के पास गुलमोहर की छाया नहीं
अपनी ठेलागाड़ी से लगाकर
तान रखी है उसने
एक बेंच के ऊपर प्लास्टिक-सीट
चाय के लिए आते हैं यहाँ
ट्रक के ड्राइवर, पास के मजदूर
काम से ब्रेक लेकर

भारी–भरकम दोमंजिला कुछ ट्रकें
गुजर गयीं एक–साथ बड़े वेग से
और धूल की एक और परत
जा जमी फिलहाल
गुलमोहर की पत्तियों पर

गुलमोहर की धूल–धूसरित छाया
निःशब्द बेआवाज
चले गये हैं कुछ जोड़े अभी–अभी यहाँ से
असामाजिक चुम्बन छोड़कर
अपने–अपने लक्ष्यों की ओर

क्या गुजरता होगा गुलमोहर के हृदय में
यह सब देखकर
कौन जाने!

पेड़ों के साथ-साथ

देखिए!
बसन्त तो उतरा है पूरे जंगल में
पर पेड़-पेड़ की बात है
रूख सबका खास-खास है।

कोई ले रहा है थोड़ा-थोड़ा
अपनी जरूरत के मुताबिक
धीरे-धीरे हो रहा है प्रसन्न
कोई हड़प जाना
चाहता है पूरा-का-पूरा बसन्त
एक ही बार।

कोई इतने अकड़ू
कि सूखते भी रहते तो अपनी शान में
मजाल है बसन्त की
फटक जाए पास।

पड़ोसी आखिर पड़ोसी है
हरा है तो है।

रंग केवल हरा ही नहीं
भूरा भी है
जो दूसरों की नजर में भूरा है

वो कहीं–न–कहीं अपने में पूरा है।

सबकी अपनी प्रकृति है
अपनी–अपनी संस्कृति है
बात चाहे पेड़ की ही क्यों न हो।

हर प्रजाति के अपने रंग हैं
कोई गाढ़ा है तो कोई हल्का
कोई चमकवाला है तो कोई फीका
कोई ऐसा कि
बच्चे तक को कहना पड़े–
यह भी कोई पेड़ है।

हरेक के अपने–अपने ढंग हैं
चमकीला हो या फीका
अपने सादेपन में
सब लगते हैं नीका

बात चाहे पेड़ की हो क्यों न हो!

पानी के पक्ष में

गंगा

गंगा तेरे जल पर
बहाई जा रही मुद्रा
पानी की तरह
और चढ़ाए जा रहे कचरे
चढ़ावे की तरह
कैसे धवलेगी तेरी धारा
गलता रहे शहर तिल-तिल कर तेरी चिन्ता में

गंगा तेरे नाम पर
गिरती जा रही मुद्रा
साधुओं-कीर्तनियों की झोली में
तेरे घाटों पर उछल कूद कर
देखो कैसे चले जा रहे
गाते हुए गरदन फुलाकर

गंगा तेरे कारण
बन आई मँगनियों की भी
आस्था बरस-बरस कर गिरती रही
उनके कटोरे में
बन गये कइयों के दुमंजिले

बीमार हो गयी कारखानों का मल खाकर
सिर्फ कुछ मछलियाँ

पॉलीथिन में फँसकर घुट गयी
कुछ
छोटे जलचर
केमिकल का रस पीकर
चल बसे जल की दुनिया से

सुनते हैं कुछ लुप्त ही हो गये
छोटे ऐसे ही मिटते रहेंगे
क्या गंगा?
कौन है इनका देवता?

गंगा तेरे नाम पर पूँजी अपार है
शोर है व्यापार है
धर्म है नीति है दंड है राजनीति है
श्रद्धा भी है थोड़ी बहुत

सिर्फ कमी है करुणा की
प्रेम का अभाव है तो क्या हुआ

गंगा तेरे नाम पर
कितना कुछ है व्यवस्था में
तू माँ है, सहना ही चाहिए तुझे
कहते हैं वे
और करते हैं मौज।

सागर में विहार

लहरों की तीखी लय पर
रेखांकित थी कोई हलचल
चमक-चमक उठती थीं किरणें
इठलाकर बल खा-खाकर

पवन हो चला था अल्हड़
जल की तरुणाई को पाकर
आवेगों से होता संचालित
दूर-दूर सब भीतर-बाहर

चलती थी हमरी नैया
सागर में मचल-मचल कर
रह-रहकर चौंका जाता
दिन का जादूगर दोपहर

छूट-छूट जाता था पीछे
डँसने को आतुर महानगर
डगमग-डगमग सी लगती तब
मायानगरी की महाडगर

मायानगरी की महाडगर।

बाँध टूट गया

उनके सामने मुँह खोला उसने
तो उन्होंने कहा
गोली के बोल दागती हो
बेटी होकर
हर पल छलनी कर देती मन

उन्होंने कहा मैं इतना-इतना प्यार
करता हूँ तुम्हें
तुम मुझसे प्यार नहीं करती चुटकी-भर भी

उन ने दिए ताने
बच्चे के बिना रहा जाता कैसे
वह स्त्री क्या स्त्री

उस-उस ने सब किए-दिए पर
फेरते हुए पानी
कह दिया स्वार्थ छिपा था
इन सबके पीछे तुम्हारा

वह काँपा नहीं कभी
बात-बात पर उससे कहते
कि मजबूरी थी तुम्हारी
साथ देना

सबने अलग–अलग किए शिकायत
बात थी मगर जता देने की
मत पालो विचार कि यह समाज
तुम्हारा है

निभाते रहे बीच बाजार
कोई–न–कोई रिश्ता
अकेले में वसूलते रहे
रिश्ते में रहने का ब्याज

लगवाते रहे अँगूठा
गलत दस्तावेज पर
लाचार और अनजानी मानकर

जानती रही वह और मर्यादा के लिए
करती रही सबकुछ
कुछ न–नुकुर करते कभी टुकुर–टुकुर ताकते

फिर एक दिन बाँध टूटा धैर्य का
उछल पड़ा पानी सीमा के बाहर
अवाक् रह जाने के सिवा
अब बचा क्या उनके पास

कौंध गया दृश्य
गुस्से में उबलती नदी
हरहराती घुसती
गाँव के गाँव शहर के शहर
डूबते

पानी से पलती है संस्कृति
पानी के तट पर

बहती है सभ्यता
ध्वंस भी होता है पानी से ही
आदमी पराजित हो जाता
तब पानी से

फिर भी पढ़ पाते हैं कितने
मन की बानी आँखों का पानी।

दरअसल

हम किसी मजबूरी में
इस तरह गा रहे हैं
क्या देखें
सरगम तोड़कर उधर बहाए जा रहे हैं।

चले थे बताने हम भी
पसीने की कदर
अब क्या कहें
पसीना निकालने वे ज़िम जा रहे हैं।

कि बदल रहे हैं जरूर
मुहावरों के अर्थ
और गरीबी की मार में
पानी-सा पसीना बहाए जा रहे हैं।

दरअसल पानी नहीं रहा पानी
सभी के लिए
कि दिन-दहाड़े विष घुलाए जा रहे हैं।

इत्र रखे हैं हमने भी
सच्चे फूलों के
परफ्यूम के मारे
हमारे सुगन्ध झुठलाए जा रहे हैं।

उनकी फिर बात मत पूछो
नियम पर नियम फरमाए जा रहे हैं
एक बच्चा दम तोड़ता
वे नजर बचाए चले जा रहे हैं।

कुछ हो तो रहा है कि और बेहतर हो
युवा रोजगार में लगाए जा रहे हैं
सही काम को मिले उचित दाम
उम्मीद में मन को समझाए जा रहे हैं।

गोलकुंडा फोर्ट : राजा ने बनवाया

राजा ने बनवाया था कभी किला
अपनी सुरक्षा के लिए
घिरवाई दीवार
रोपे समृद्धि के बीज
खूब जतन से

वक्त ने बना दिया है उसे
अब खंडहर
प्रकृति
तराशती रही उसे
अपनी शर्तों पर
बिना किसी के कुछ कहे–सुने

वह जानती थी
एक दिन यह आदमी के किसी काम आएगा
एक दिन आदमी
नजदीक से इसे जान पाएगा।

गोलकुंडा फोर्ट : लाइट एंड साउंड शो

उस शाम गोलकुंडा फोर्ट
सजीव हो उठा था
रोशनी के छींटों में चमककर
लोगों तक पहुँच रहा था

ये चमक उठा दीवान-ए-ख़ास
इसकी ख़ासियत है
मुख्य-द्वार से दूर होकर भी
झट पकड़ लेता है
प्रवेश द्वार का संकेत
आधुनिक दूर-तार को
मात देता हुआ

ये दीवान-ए-आम
जो सरेआम घिरा है किले में

ये चमक उठा रंगमहल अपनी रंगीनी के साथ
यहाँ हँसी की ख़नक में शामिल है
अलंकारों की झनक
या अलंकारों की झनक में हँसी की ख़नक
कौन कहे

इस किले के पास नदी है मूसा

जो रोशनी की इस आँखमिचौनी में
शामिल नहीं है कहीं
सुनाई देती है केवल
उसकी बहती हुई ध्वनि

इस नदी के पार जो बस्ती थी
उसमें रहती थी सुन्दर नर्तकी
कहते हैं कि उससे किले के
एक राजकुमार को
प्रेम हो गया था असीम

इस प्रेम से
गोलकुंडा के इतिहास में
मोड़ आया भयंकर

लेकिन यह केवल इतिहास नहीं है
कि आम आदमी भी
कभी-कभी
रच डालता है इतिहास।

गोलकुंडा फोर्ट : मन्दिर और मज़ार

गोलकुंडा फोर्ट के भीतर
एक मन्दिर है देवी माँ का
और एक मज़ार

कोई पाबन्दी नहीं कहीं
आने--जाने की

राजा जीवित होते तो
कुछ भी हो सकता था और
कुछ नहीं चलता लोगों का।

गोलकुंडा फोर्ट : शासक क्या करता है

शासक कभी नहीं करता
आदमी के विस्तार की चिन्ता
हालांकि शासक भी आदमी ही बनता है

पर शासन उसके भीतर के आदमी को
इस तरह जकड़ लेता है
कि वह नहीं बन पाता पूरा आदमी

आदमी खुद कर सकता है
अपने विस्तार की चिन्ता।

गोलकुंडा फोर्ट : अँधेरे में चढ़ना मना है

दिन के उजाले में
कोई कितना भी ऊँचा चढ़ ले
रात के अँधेरे में मना है
ऊँचा चढ़ना
आदमी के लिए

रास्ते अँधेरे हो और शौक हो
ऊँचाई का
तो हो सकता है ख़तरनाक

देखा गया है अकसर
ऐतिहासिक ऊँचाई पर पहुँचकर
आत्महत्या के शिकार
हो जाते हैं लोग
हो जाते हैं हिस्से
अँधेरी दुनिया के।

गोलकुंडा की ऊँचाई से

गोलकुंडा फोर्ट की ऊँचाई से देखो
तो गोल-गोल दिखता है हैदराबाद
एक और छोटी पृथ्वी
मौजूद हो जैसे पृथ्वी पर

ऊबड़-खाबड़ और सुन्दर
बहुगुणी और वैविध्यपूर्ण
शान्ति और शोर से लबालब

जो पसन्द करता है पृथ्वी को
उसे पसन्द आएगा निश्चय ही
यह भी।

उदासी का छन्द

हवा गा रही
उदासी
पृथ्वी अप्रसन्न लग रही
बसन्त में भी

समुद्र में सभ्यता का शोर है
नदियाँ हो चली बेसुरी
सिमट रहा है झरनों का वेग

अलवत्ता कुछ पेड़ों पर
आया रहता है बसन्त
सालों भर
खिले रहते हैं चटख फूल
आसपास से बेखबर
मानवी उद्दंदता के आकाश तले

अब उन्हें क्या कहिए
उनकी इस हरकत पर
जी–जान से दुह रहे हैं
नदी–झरने और जंगल

हैरानी में काँप उठती है धरती रह–रहकर
हम नापते ही रह जाते हैं कम्पन

इधर सबकुछ ध्वस्त
घर-बार और नापनेवाली मशीन
गुस्से में काँपता उसका कलेवर

दह-दह दहकती
ज्वालामुखी
बरसता अग्निबाण

धू-धू जलता जंगल
लपटों में लिपटे पक्षी और जानवर
और कीट-पतंग

पिघल जाते ग्लेशियर
नदियाँ उफन-उफन कर घुस आतीं घर में
तबाह हो जाते जान-माल

समुद्र फट पड़ता प्रलयंकारी होकर
कोई सुनामी कोई हुदहुद
प्रकट हो जाता अचानक
खुद-ब-खुद
चट्टानें दरक जातीं
बिन बताए
बादल फटकर कर जाते तबाह

ग्रहण लग जाता जब
प्रकृति और मानव की घनिष्ठता में
बिखर जाता संसार
फैल जाती अस्त-व्यस्तता
सघन हो आता उदासी का छन्द।

कोई और बात है यदि

कोई और बात है यदि
तो बोलो
मैं हूँ तुम्हारे पास

तुम्हारी मोती मैंने देख ली है
देख लिये हैं हीरे-जवाहरात
तुम्हारी अमीरी तुम्हारी विरासत
और तुम जानो

तुम्हें जानने में मुझे
कोई कठिनाई नहीं हुई
और निभता गया

पढ़ती रही बन्द लिफाफे के भीतर मजमून
इधर-उधर से आई किरणें
निखारती रही एक-एक हर्फ

कोई और बात है यदि तो बोलो
मैं हूँ तुम्हारे पास
यद्यपि गर्मी है बहुत
और उस चिलचिलाती धूप की
बात मत छेड़ना
कैसे मिनटों में उड़ गया था वाष्प बनकर

पास रखा मीठा पानी
जिसे पीना था साथ-साथ

एक-एक कर थूकती रही हूँ मैं
कड़वाहट
हर बार की पुनः मुलाकात के पहले
जारी रहती आई है मेरी हँसी हल्की होकर
तुम्हारी गम्भीरता बढ़ती गयी और

फिर भी कोई बात है यदि
तो बोलो
मैं हूँ तुम्हारे पास।

वंचना से छिला

वीरान देखकर उग जाती है झाड़ियाँ
राह सीधी देखकर चमक उठती चालाकियाँ

और उस बगुले की चालाकी का क्या कहिए
वीरान देखकर जलाशय के ठीक किनारे
घात लगाए बैठा
मछलियाँ तो समझती हैं
कुछ वे स्वच्छन्द हैं
कौन करेगा उनका शिकार
या कि
कुछ मजबूरी हैं लहरों के
साथ तैरना
या कि कुछ साहस है खूब-खूब
खतरे उठाकर उठने का सतह से

उस बगुले की चालाकी का क्या कहिए
चट से उतर कूदा चोंच खोल जल में
धूर्त्तता से लदा-फदा
कि चट से धँस गयी मछली
जल के भीतर और भीतर
कि चोंच में शिकार नहीं आया

कौंध जाया करता है कभी क्षण में

आत्मरक्षा का उपाय

शिकार की वंचना से छिला हुआ बगुला
जा मिलता बगुले की भीड़ में
खुद को छुपाता

खुद को छिपाता
झाड़ियों से बचता

बाँधता अपने को अन्तर्जाल में
जल्दी-जल्दी क्लिक करता
देखो-देखो
बगुला कैसे उत्तर-आधुनिक दिखता है!

उसके सिकुड़न की भाषा पढ़ सकते हो!

नदी का हाल पूछते हो!
बदतमीज छेड़खानी की परेशानी में
कोई क्या बोले!

नदी की आँखों में केवल उबाल है
समझो
दूध उबल-उबल के हो जाए भूरा
फिर दूध का दूधियापन कहाँ खोजते हो!

क्या खोजते हो!
पानी में दूध या दूध में पानी
नगर में बसनेवालो, तुम नागरिक हो!
नागर हो!

नदी का मर्म जानते हैं वे
जो रहते हैं तुमसे दूर
करते है उसे प्रणाम
नदी मिले तो मिले
नहीं तो जलाशय को ही
वे कहलाते हैं गँवार

साल में दो-चार दिन नदी के नाम पर
रखते हैं व्रत या

करते हैं अल्पाहार

बह रही है नदी शहर के बीचो-बीच
नदी की आँखों में उबाल है
किनारे है कीच

बताओ!
क्या उसके सिकुड़न की भाषा पढ़ सकते हो!

भाग्य

अपनी भाग्य लिपि को अपने ही हाथों
छिन्न-भिन्न कर रहा हो जो
उसको कौन तार सकता है भला!

फिर कवि बनने की तैयारी मैंने की ही कब?
काम-धन्धा, चक्की और आटा
समय बचाकर शब्द को
कागज पर उतार दिया बस
न शब्द-संयोजन
न कतर-ब्योंत मात्राओं का
पंक्ति बनते-बनते रह गयी हर बार।

तो कौन पाठक मिलेगा भला!
पक्ष लेने वाले आलोचक
देखते हैं दुरुस्त मात्रा।

चुस्त-चालाक कुछ किताबें
थीं मेरी किताबों के रैक में भी
जिनके पन्ने होते रहे राख
मेरे द्वारा पढ़े जाने पर
दिन-ब-दिन घट रही हैं ये किताबें
हट रही हैं मेरे करीब से
नहीं ले रखा है मैंने ज्ञान का ठेका।

मैं थी लीन अपने कार्यों में
तब तक खोदी जा चुकी थीं
रास्ते में खाइयाँ
ऐसे में या तो मुझे वहीं रह जाना था थिर
कर्म में योग देते हुए
या गिड़गिड़ाकर पड़ जाना था।

मैंने भरपूर कोशिश की पुल बनाने की
अपने ही दम पर
संगठन की शक्ति के बिना जो कच्चा ही रह गया।

जो पक्का बनने की खातिर ढल नहीं सका
उसको कौन मजबूत कर सकता है भला।

❑❑❑

णाणं
पयासयं

वीर नि.सं. 2470

ई.सन् 1944

भारतीय ज्ञानपीठ